T0247205

Lisboa

30 EXPERIENCIAS

AUTORAS: FANY PÉCHIODAT
Y LAURIANE GEPNER
ILUSTRACIONES: COLINE GIRARD
FOTOS: PAULA FRANCO @LISBONBYLIGHT

EDITORIAL JONGLEZ

Guías de viaje

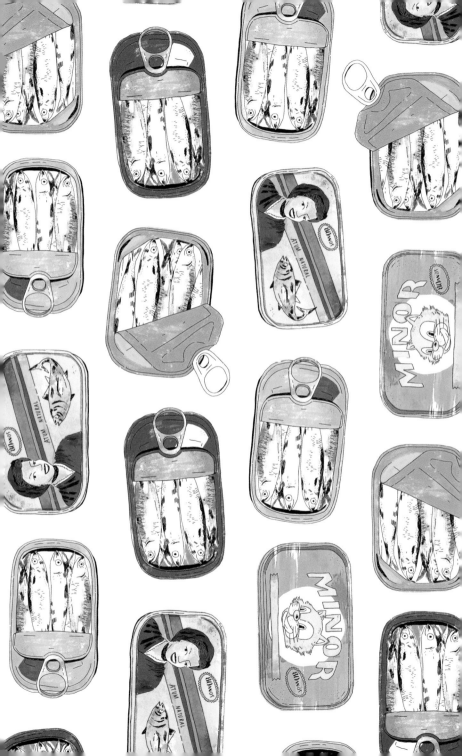

"DURANTE MUCHO TIEMPO
MANTUVIMOS ENTRE NOSOTROS
ESTA CONTRASEÑA: LISBOA.

SI NUESTRA AVENTURA SALÍA MAL,
LA CIUDAD BLANCA SERÍA NUESTRA
TOMA DE TIERRA".

OLIVIER FRÉBOURG

EN ESTA GUÍA
NO VAS A ENCONTRAR

- El itinerario del tranvía 28
- La ubicación del ascensor Santa Justa
- La cena-fado más turística

PERO,
SÍ VAS A ENCONTRAR

- La mejor comida vegetariana de tu vida
- El placer de correr tras las nubes
- Una fiesta tan grande como un palacio
- Cincuenta tonos de verde en medio de la ciudad
- El intríngulis del bacalao
- El número de móvil del librero llegado de otra galaxia
- Dónde brindar con un veterano

Esta guía no es exhaustiva ni tiene intención de serlo. Para eso, ya hay otras guías...

Nuestra elección se opone a la híper-variedad. En vez de proponerte miles de ideas que no tendrás tiempo de explorar en pocos días, hemos seleccionado 30 para ti. Evidentemente, era muy tentador subir a 40, 50... Pero no, la consigna era: nada de desvíos. Así que hemos recorrido Lisboa sin contar nuestros pasos, hemos subido y bajado sus colinas, hablado con gente con la que nos hemos cruzado, comido todo lo que la ciudad tenía de comestible, bebido algunos néctares (guiados por la profesionalidad), explorado sus esquinas y recovecos, calles y callejones...

Y hete aquí, con el fruto de nuestro trabajo entre tus manos. Una selección de 30 experiencias para que saborees Lisboa, la conozcas a fondo y – esperemos – la quieras.

LOS SÍMBOLOS DE
LISBOA

< 10 euros

De 10 a 40
euros

> 40 euros

Se atiende
por orden
de llegada

Se aconseja
reservar

100 %
lisboeta

———

Los horarios de apertura suelen variar
con frecuencia, consúltalos
en la web del lugar.

Algunos dicen que es magnética, otros la comparan con una anciana que ha perdido casi todos sus anillos pero que ha conservado su buen aspecto. Tal vez la verdad esté, como suele pasar, donde convergen la historia, los recuerdos y los sueños, los colectivos y los personales. En algún lugar en un tranvía que traquetea, surcando épocas y colinas, en el pasado rosado de una fachada de Mouraria, despertado por un rayo de sol que pasaba por ahí, en el corazón latiente de la ciudad, el Chiado, en la insolencia de Graça o en la majestuosidad de Belém. En los miradouros situados en lo alto de la ciudad. En el Tajo, al fin, que da al océano por el que las grandes exploraciones portuguesas de los siglos XV-XVI salieron, y por el que regresaron.

Lisboa se parece al movimiento de esas olas, deslizándose entre la orilla y alta mar. ¿Estás en una capital imprescindible de la escena start-up, una ciudad joven y creativa, experta en tecnología, que mira al futuro? ¿O en una de las ciudades europeas más antiguas, llena de azulejos que te miran con sus miles de ojos azules sin pestañear desde hace varios siglos? Estás en las dos. Lisboa se sabe mover entre épocas, pasa del pasado al futuro cercano entre una puerta y otra. Ahí, una cafetería de líneas claras, alumno modelo de Instagram, aquí una tienda que existe desde 1789 y donde se fabrican velas antiguas, hoy como ayer, como mañana. O tal vez no: el destino de Lisboa preocupa. Las tiendas antiguas están cerrando, las fachadas revocadas hacen que la Lisboa de ayer se vaya borrando de a poco.

Sin embargo, hay una cosa que no va a cambiar en Lisboa. Su luz. Tan particular que Lisboa podría despertar en cualquiera de nosotros la locura de no dejarla nunca o de dejarlo todo por ella. Esa luz tan suya viene de la reverberación del agua del Tajo, al que llaman "Mar de la Paja" por sus reflejos dorados. Una luz que golpea los adoquines blancos, que salpica todo a su paso – y las fachadas bailan con ella como sombras chinescas. Lisboa está escrita en esa luz eterna, de la que una lisboeta nos dijo: "No he visto una luz igual en ningún otro lugar. Mis días preferidos son los días grises: los adoquines son de un blanco tan puro que dan una sensación de volumen infinito". Y luego añadió, "Lisboa es un poema que hay que leer". Y nosotros añadiríamos "y descubrir". Comprobado 30 veces.

30 EXPERIENCIAS

22

6

29

28a

2

17

13
15
19a

26c

30

21

14

7

25

5
18
27
11

20
3
26b
9

16a
10
26a
16b

BAIRRO ALTO

4 24 BAIXA CHIADO

1

Alfama

23

nte

DE ARRIL

Almada

12

↓ 8

EL MEJOR
RESTAURANTE VEGETARIANO DE TU VIDA

Fundado en 2019 por João Ricardo Alves, un chef luso-brasileño, y Alejandro Chávarro, un colombiano nacionalizado francés, Arkhe es una experiencia excepcional. Es muy probablemente el mejor restaurante vegetariano que vayas a probar en tu vida y a precios totalmente razonables dada la calidad del producto.

En Arkhe, todo se piensa y se trabaja con pasión y con un talento extraordinario. Alejandro, antiguo director de restaurantes con estrellas Michelin en Francia y en España, es también un sumiller de primera clase que te recibirá con amabilidad y una profesionalidad excepcional.

No te lo puedes perder.

 ARKHE
RUA DE SÃO FILIPE NÉRI 14

+351 211 395 258   arkhe.pt

EL BISTRÓ LISBOETA
POR EXCELENCIA

Un poco alejado de las zonas turísticas (¡se agradece!), en el agradable Campo de Ourique, pero a apenas 15 minutos de Príncipe Real, Bichomau es un bistró como nos gusta: 100 % lisboeta con su preciosa decoración de azulejos azules, su riquísima comida (gastronomía portuguesa revisitada) a un precio razonable, su encantador recibimiento... ¡No podemos pedir más!

Uno de nuestros lugares favoritos de Lisboa.

 BISTRÔ BICHOMAU
R. COELHO DA ROCHA 21A

+351 211 608 694   letsumai.com/widget/bistro-bicho-mau

LIBRERÍA
DE BOLSILLO:
3,8 M², 3 000 LIBROS

En otra vida, Simão Carneiro era enólogo. Desde 2008, se pasa los días en un antiguo estanco que ha transformado en una minúscula librería. En su interior hay más de 3 000 libros de segunda mano pegados los unos a los otros, que se venden desde 1 € hasta 1 000 € para las obras más raras. El local es tan pequeño que solo puede entrar una persona a la vez. Lo esencial está en otro sitio, entre las páginas de estos libros que su propietario ha reunido con tanta pasión.

Importante: la iniciativa es poética, al igual que los horarios de apertura. Llama a Simão antes de ir no vaya a ser que te encuentres la puerta cerrada.

 LIVRARIA SIMÃO
ESCADINHAS DE SÃO CRISTÓVÃO 18

+351 961 031 304

Não sei.

UNA TIENDA DE TÉ
ÚNICA EN PORTUGAL

Ubicada en el magnífico local de un zapatero del siglo XIX, la Companhia Portugueza do Chá (compañía portuguesa de té) es una pequeña joya: nada más abrir la puerta, te envuelve el intenso aroma de esta hoja de la que Bodhidharma (China – siglos V y VI d. C.) decía que favorecía la concentración y la meditación.

En sus estanterías lacadas descansan unas preciosas cajas metálicas que albergan 250 tés diferentes: cosechas de los mejores jardines de la India, Nepal, Sri Lanka (antigua Ceilán), Japón, Taiwán, Vietnam y Corea, así como de Latinoamérica, África, las Azores...

El propio dueño, el argentino Sebastián Filgueiras, crea las mezclas con frutas o flores ecológicas. En su laboratorio, situado en la trastienda, Sebastián también inventa sabores nuevos: yuzu y té verde japonés, té negro y pomelo, infusión de frutas para tomar fría...

 COMPANHIA PORTUGUEZA DO CHÁ
R. DO POÇO DOS NEGROS 105

+351 21 395 1614   companhiaportuguezadocha.com

- SEBASTIAN FILGUEIRAS -
FUNDADOR DE COMPANHIA PORTUGUEZA DO CHÁ

ENTREVISTA

¿Cómo surgió la idea de esta tienda de té?
En Lisboa, las pequeñas tiendas en las que comprar tanto café como té fueron desapareciendo y sentí las ganas de revivir este negocio, enriqueciendo la oferta con variedades y calidad. Catherine de Braganza (1638-1705), quien puso el té de moda en Europa, ocupa un lugar de honor: su perfil está en todas nuestras latas metálicas. En el siglo XVIII, había pabellones de té en todos los jardines de la ciudad, herencia de los fuertes lazos entre Portugal y Oriente.

¿Cuál es tu té favorito?
El té de mi infancia, el que solíamos beber a granel, principalmente té negro de China, de Assam o de Ceilán. Tés fuertes. En el norte de Portugal, donde mi esposa creció, era bastante común

dar té negro a los niños antes de ir a la escuela, también en el hospital. Muchas veces, era té de Mozambique o de Ceilán. El té en bolsitas llegó mucho después..

¿En qué te inspiras para crear tus mezclas?

En la luz de la ciudad, en la cultura del país, en su literatura, en su historia...

Empecé con el Lisbonne Breakfast, una mezcla de té de Ceilán y té negro cultivado en las Azores. El sabor es luminoso y equilibrado, un té para las mañanas. Nuestro Earl Grey Portugal tiene el sabor de la corteza de una bergamota que se cultiva en una finca del Alentejo y que secamos nosotros mismos. Muchos de nuestros tés son exclusivos.

¿Cuál es el té más raro que podemos encontrar aquí?

El té milenario. Es un té que se cultiva en la región de Yunnan, en China, y tiene la particularidad de que se recolecta de un mismo árbol, probablemente uno de los más antiguos del mundo. El árbol está identificado y catalogado en el patrimonio de los árboles de té en China. Su sabor es inclasificable, dulce y potente al mismo tiempo. Todos los años me anoto en una lista de espera para que me manden: nunca más de dos kilos.

PARA LOS FANÁTICOS
DEL BACALAO

Para comprender el lugar que ocupa el bacalao en la cocina portuguesa hay que empezar por este dicho popular:

- "Hay 1 000 maneras de cocinar el *bacalhau*".
- "¡Ah, no, 1 001! También está mi receta".

Y vaya que ha encontrado su lugar, el bacalao, en esta tienda de exquisiteces abierta desde el siglo XIX. Por un lado, los quesos, el vino y la charcutería. Por otro, el mejor bacalao pescado en las costas islandesas, tratado con distintos tiempos de salazón (de 6 a 20 meses). Vendido al peso; cortado delante de ti.

 MANTEIGARIA SILVA
RUA DOM ANTÃO DE ALMADA 1

+351 213 424 905   loja.manteigariasilva.pt

PISTA DE *RUNNING* DE 400 METROS
EN UNA AZOTEA

Entra en el hotel, dirígete al ascensor con paso seguro, dale al botón -1. Cuando llegues al spa, compra una entrada para todo el día. Cámbiate, coge el ascensor de nuevo y sube a la planta 11. Espejismo frente al Tajo, una pista de running ahí, en el tejado. Para correr bajo el sol, retar a las nubes, con las piernas al aire, la mirada abrazando Lisboa a 360°. Simplemente mágico*.

*Como la magia es bastante cara, esta pista de running 5 estrellas sería perfecta para regalo. La entrada para un día incluye el uso del gimnasio y del spa. Te garantizamos que no te vas a arrepentir (o la persona a quien se lo regales).

© FOUR SEASONS HOTEL RITZ LISBON

 FOUR SEASONS HOTEL RITZ LISBON
R. RODRIGO DA FONSECA 88

+351 21 381 1400   fourseasons.com

DISFRUTAR DE UNA
VELADA SURREALISTA

A unos quince minutos al este del centro de Lisboa en taxi, en el barrio de Beato, se encuentra el Palacio do Grilo (Palacio del Grillo), declarado monumento de interés público en 2011. Es un magnífico palacio del siglo XVIII que en los últimos años se ha convertido en un lugar espectacular que fusiona restaurante y discoteca en un ambiente deliberadamente surrealista.

Durante la cena, en los magníficos salones principales del palacio, podrás ver actuaciones artísticas inverosímiles entre las mesas. La comida es decente, pero uno no va por eso.

Los fines de semana, después de la cena, puedes ir a la discoteca donde los DJ y los camareros del bar, disfrazados, y a veces enmascarados, marcan el tono de una velada definitivamente fuera de lo común.

Algo único en Lisboa.

PALACIO DO GRILO

 PALACIO DO GRILO – GALA CRICRI
CALÇADA DO DUQUE DE LAFÕES 1

+351 910 440 942   palaciogrilo.com   contact@palaciogrilo.com
                    galacricri.com   contact@galacricri.com

EL MEJOR
BEACH CLUB DE LISBOA

Cuando uno piensa en Lisboa, no se imagina para nada clubes de playa como los de las islas mediterráneas. Y, sin embargo, a solo 20 minutos en taxi del centro de Lisboa, en la costa de Caparica, desde hace unos años, entre mayo y septiembre, es prácticamente posible creer que estás en Ibiza o en Miconos.

Casa Reía es el *beach club* con más éxito de Caparica gracias a una cocina excelente, una *música lounge* de primera, un diseño *hippie chic* perfecto que organiza noches con DJ los fines de semana... Lejos del fado y de las sardinas. Justo al lado, a 5 minutos a pie, el Princesa también ofrece una cocina de calidad. Y 5 minutos más allá, también por la playa, el Pôsto da Onda (preciosa decoración) es un lugar muy agradable para tomar una copa.

Si te quieres refrescar entre mojito y mojito, te recomendamos muy mucho que te bañes: el agua es transparente y menos fría de lo que uno cree.

CASA REIA – PRAIA DA CABANA DO PESCADOR COSTA DA CAPARICA

casareia.com – +351 937 346 841
Se recomienda reservar con antelación tanto la mesa como la tumbona (sunbed)

PRINCESA

praiaprincesa.com

PÔSTO DA ONDA

postodaonda.com

LA GUARIDA SECRETA
DE LOS CANTANTES DE FADO

Primero, esa pesada puerta de madera azul con empuñadura dorada. Magistral, intimidante, que uno intenta abrir antes de darse cuenta de que hay que llamar al timbre. Alguien nos abre. Es aquí, en la oscuridad de este palacio del siglo XVIII decorado de azulejos antiguos donde los cantantes de fado se dan cita tras hacerse oír en otros lugares.

Los músicos llegan a su guarida a cuentagotas. Hacia las once de la noche, un fadista canta la saudade, acompañado de dos guitarristas, uniendo los gestos a su voz, con la emoción en la mirada... Minutos después suena otra voz, otros músicos, pero siempre el mismo estremecimiento: el fado. Y el espectáculo prosigue hasta que el sueño vence. A veces hasta las 2 de la madrugada, otras, hasta el alba.

MESA DE FRADES
R. DOS REMÉDIOS 139

+351 917 029 436   mesadefrades.pt

MESA DE FRADES

 PRADO
TRAVESSA DAS PEDRAS NEGRAS, 2

+351 21 053 4649

pradorestaurante.com

# #
1º

EL TEMPLO DE LA
NOUVELLE CUISINE
PORTUGUESA

Prado significa lo mismo en portugués y en español. Y es hacia allá donde mira la cocina del chef Antonio Galapito, alias la estrella ascendente del Portugal comestible. Tras aprender con el chef Nuno Mendes en Londres, firma, en su restaurante lisboeta, una cocina libre e inspirada en la tendencia "de la granja a la mesa". Productos procedentes de todo el país, platos cuya composición cambia todos los días según la temporada y el humor del chef... Una sola constante: el sabor del Portugal de hoy.

- ANTONIO GALAPITO -

CHEF DE PRADO

¿Cuál el primer recuerdo que tiene de la cocina?

Nací cerca de Sintra, donde el cochinillo asado es una especialidad. Tal vez se me hace más la boca agua con su olor que con su sabor... Mi madre lo asaba en el horno de leña y podíamos oler los diferentes aromas: el ajo, el pimentón, el vino blanco, la pimienta negra.

¿Lo sirve en Prado?

A veces, pero es algo más técnico: con un horno normal y de 7 a 8 horas de cocción. También lo servimos de manera diferente a la receta tradicional: la carne, la salsa y... ya. Nada de guarnición. La carne es tan tierna que no necesita nada más.

¿Cuándo supo que quería ser chef?

A los 14 años, era malísimo en el colegio. La cocina no me apasionaba, no me gustaba especialmente comer, de hecho, un buen filete era para mí un filete bien hecho, así que ya ve... Fue entonces cuando mi madre me sugirió que optase por una escuela de cocina. Fui y ya no lo pude dejar.

¿Y si se dedicase a otra cosa...?

No me veo haciendo otra cosa, no. ¿Tal vez granjero cuando tenga 60 años?

¿Prado es un restaurante portugués?

Sí, ya que todos nuestros productos (salvo el azúcar)

LA ENTREVISTA

proceden de productores agrícolas de todo el país. Es nuestra norma y es así como elaboramos el menú, que cambia un poco cada día en función de las provisiones y de las ganas. Cuando vemos pescados frescos, siempre preguntamos si provienen de aguas portuguesas. Y si no es así, no los cogemos.

¿Su debilidad gastronómica a la carta?

Cada día es distinto, pero hay platos que siempre están y su composición varía muy poco. Uno de mis favoritos (¡o tal vez mi favorito!) es el pan, que servimos con un paté de mantequilla de leche de cabra, sal gorda ahumada, manteca de cerdo, ajo y mermelada de cebolla caramelizada... No me canso nunca.

¿Un dato curioso de la cocina portuguesa?

Los portugueses siempre han sido grandes viajeros. ¿Sabía que fueron ellos los que exportaron la *tempura* a Japón? Y de sus expediciones trajeron el yuzu, que ahora crece en Portugal. En los fogones de Prado, lo usamos en lugar del limón: te transporta enseguida a otro lugar.

UNOS AZULEJOS PORTUGUESES
PARA LLEVAR

Si por ver azulejos por todas partes, te están dando ganas de ver algunos... en tu casa, dirígete a esta tienda, donde se toman las cosas en serio y en familia. De 1970 a 2013, la empresa de Joaquim José Cortiço vendía grandes colecciones de azulejos. Sus cuatro nietos tomaron el relevo en 2016.

Aquí puedes encontrar azulejos antiguos de fábricas que han cerrado. Algunas de ellas están a punto de desaparecer y les quedan algunos azulejos. Al comprarlos ejerces un consumo responsable: la tienda hace las veces de asociación cuya labor es preservar y dar a conocer la colección de azulejos.

 CORTIÇO & NETOS
RUA MARIA ANDRADE 37D

+351 21 136 2376   corticoenetos.com

CORTIÇO & NETOS

RESTAURANTE
PONTO FINAL

PONTO FINAL
CAIS DO GINJAL 72
CACILHAS
ALMADA

+351 21 276 0743

12

PESCADO A LA BRASA
EN PONTO FINAL

Un pequeño paseo en barco de quince minutos y ya estás en Cacilhas, al otro lado del Tajo. Coge la mesa que está al final del muelle, la que mira a Lisboa. El rumor del agua, la luz de las últimas horas del día, la sencillez de un pescado fresco a la parrilla, servido únicamente con limón... Si esto no es la felicidad, estás muy cerca.

A VIDA PORTUGUESA
LARGO DO INTENDENTE PINA MANIQUE 23

+351 213 473 060

avidaportuguesa.com

EL MEJOR
CONCEPT STORE
DE LISBOA

Es como estar en Real Fábrica Española. Este concept store, el más grande de los cuatro espacios creados por Catarina Portas, tiene los mejores productos portugueses. A saber, 500 m² que recorres de sala en sala, empezando por el salón, donde las mantas de lana despiertan las ganas de siesta, para luego desviarte a la cocina, entre cerámicas y productos gourmet, antes de echar un ojo a los artículos de papelería y a los ungüentos. Todo ha sido cuidadosamente seleccionado y maravillosamente colocado. Te retamos seriamente a que salgas de aquí con las manos vacías.

© CHIADO

PASAR UNA NOCHE
EN SANTA CLARA 1728

Hay lugares que escapan al paso del tiempo, a las modas y a las palabras. El hotel Santa Clara 1728 es uno de ellos. Entre los muros de un antiguo palacio del siglo XVIII, seis habitaciones y una mesa de huéspedes, como salido de un sueño minimalista, que conjugan el blanco, el beis, la madera blanca y la piedra de época. Fuera, en el mundo exterior, no puedes evitar mirarlo. Tras las grandes puertas de Santa Clara o frente a las ventanas que dan al Panteón, en estas habitaciones donde nada es superfluo, el silencio existe, el espíritu se calma, vaga, el alma viaja... Una definición del lujo.

© NELSON GARRIDO

SANTA CLARA 1728
CAMPO DE SANTA CLARA 128, RC

+351 932 251 056

silentliving.pt/houses/santa-clara-1728

SANTA CLARA 1728
© PIERRE VERDOUX

HOTEL MONTECARMO 12

Las preciosas habitaciones, cada una con una bañera de piedra de diseño sobria y elegante, están dispuestas alrededor de la hermosa escalera de caracol que alberga el alma de este edificio histórico restaurado y revisitado en el corazón del barrio de Príncipe Real.

El desayuno es delicioso.

 HOTEL MONTECARMO 12
TV. MONTE DO CARMO 12

No hay recepción los días laborables después de las 17 h, el acceso al hotel se realiza con un código y una llave magnética

montecarmo12.com

- JOÃO RODRIGUES -

A LA CABEZA DE LAS CASAS SILENT LIVING

João Rodrigues hace malabarismos con la elegancia... Además de ser piloto comercial, gestiona cuatro casas de huéspedes de excepción en Portugal, como Santa Clara 1728 en Lisboa. Encuentro durante un desayuno antológico.

¿De dónde le vino el deseo de abrir estas casas?

Cuando era pequeño, la casa de mis padres siempre estaba abierta, llena de gente. ¡De ahí me inspiré!

¿Cuál es la historia de Santa Clara 1728?

La primera vez que vi este palacio, estaba en obras.

Subí a la fachada y ahí... las vistas me conquistaron. A un lado, el Panteón, al otro, el monasterio y el convento de San Vicente, el Tajo al fondo. Sabía que tenía que vivir aquí y abrir una casa de huéspedes, en este barrio antiguo entre Alfama y Graça.

© PHILIPPA LANCELY

¿Cómo define la filosofía "Silent Living"?

Esta filosofía impregna Santa Clara, cuyos grandes volúmenes recuerdan a los antiguos monasterios. Respetar la arquitectura y los materiales tradicionales, conseguir con ellos una estética minimalista, crear una atmósfera que recuerda al hogar familiar... Y en el núcleo de esta filosofía reside la idea de dejar afuera el ajetreo del mundo y las obligaciones, todo lo que pueda perturbar la serenidad.

¿Qué visión tiene de Lisboa?

El Tajo abraza la ciudad, la recibe con los brazos abiertos. Es lo que más me emociona de la ciudad, su vínculo con el agua. Y para mí, que siempre estoy viajando por mi trabajo, Lisboa es esta casa... que me abre los brazos cada vez que regreso.

¿Sus lugares favoritos?

El Museo Gulbenkian, sus jardines creados por los mejores paisajistas de Portugal. También me gusta Belém, aunque haya cambiado con los años. Cuando intento volver a un sitio, con el que me gustaría reconectar a través de mis recuerdos, ya casi es imposible: ha cerrado, lo han transformado...

¿Es eso la *saudade*?

Sí. Está ligada a nuestra historia, a la época de los grandes descubrimientos de los siglos XV-XVI. La gente se iba, no sabías nunca si iban a volver. De ahí viene esa falta, esa nostalgia: una emoción poderosa.

¿Un último secreto lisboeta?

El mejor momento para disfrutar de la ciudad es... febrero. Hay menos gente en las calles, el tiempo pasa mucho más despacio y la luz sigue siendo igual de preciosa.

PALACIO DE AYER,
FIESTAS DE HOY

Imagínate un gran palacio levemente deslustrado donde (casi) todos los días hay fiesta – y en todas las plantas. En la primera, una fiesta donde el DJ se divierte tanto como los que han venido a bailar la música pop, soul, disco… Y desde el bar hasta la terraza, con amplias salas que alojan espacios diferentes donde se puede hablar en un ambiente íntimo, el palacio, gestionado por una asociación, juega a ser un oasis para espíritus libres y curiosos.

Echa un vistazo a la programación (conciertos, DJ sets, proyecciones), y llega antes de las once de la noche si no quieres arriesgarte a ver la fiesta… desde la ventana. Último consejo: la presión inmobiliaria es tal que el palacio corre el riesgo de desaparecer. Pásate por allí antes de que sea demasiado tarde.

© MARTA PINA

 CASA INDEPENDENTE
LARGO DO INTENDENTE PINA MANIQUE

casaindependente.com/nos
info@casaindependente.com

Instagram: @casa_independente

COMERSE
UNA BIFANA

La *bifana* es para los portugueses lo que el pincho de tor-
tilla para los españoles. Una solución fácil, rápida, barata
y con pocas probabilidades de que te decepcione. Entre
dos rebanadas de papo seco (el pan portugués), unos
filetes de lomo muy finos, marinados al vino blanco,
zumo de limón, hojas de laurel, pimentón,
ajo y regados con el jugo de su propia cocción. Le das una untadita de mostaza para
un toque de sabor extra y terminas con
unas copas de vino. Y si lo tuyo es la gula,
te recomendamos el leitão, un bocadillo
de cochinillo asado típicamente portugués.

Para la bifana:

📍 **AS BIFANAS DO AFONSO
R. DA MADALENA 146**

facebook.com/pages/
Bifanas Do Sr. Afonso/650766081654855

Para el *leitão*:

📍 **NOVA POMBALINA
RUA DO COMERCIO, 2**

+351 21 887 4360

NOVA POMBALINA

- FELIPA ALMEIDA Y ANA ANAHORY -

FUNDADORAS DEL ESTUDIO DE DISEÑO DE INTERIORES ANAHORY ALMEIDA

¿Qué opinan de la artesanía del Portugal de hoy?

Se está suscitando un creciente interés en los jóvenes de aquí y en los extranjeros que llegan y miran la artesanía con entusiasmo, sin ideas preconcebidas. Cosa que nos alegra porque la mayoría de los artesanos de la generación anterior que hemos conocido en el marco de nuestros proyectos dicen que pocos jóvenes quieren aprender lo que ellos les pueden transmitir. Esto está cambiando.

¿Cómo comienzan un proyecto que les han encomendado?

En nuestros proyectos integramos casi exclusivamente muebles y materiales portugueses. Cuando empezamos un trabajo buscamos siempre artesanos. Lo gracioso es que la mayoría con los que intentamos contactar no tienen correo electrónico. Para dar con ellos a veces tenemos que viajar a lugares remotos, a la otra punta del país.

¿Cómo aúnan la tradición portuguesa y los códigos actuales?

A los artesanos tradicionales les pedimos que les den una vuelta a sus creaciones, adaptando los motivos o dibujos, integrando en ellas colores originales. Es un proceso que tiene su riesgo o sus sorpresas, ¡pero es lo que nos gusta!

¿Y su opinión de la escena creativa lisboeta?

Está despertando, hay nuevas galerías de ilustración en talleres de cerámica contemporáneos... Y nos alegramos mucho porque son más personas con las que colaborar.

¿Lisboa es una fuente de inspiración?

A diario. Caminamos mucho por la ciudad, nos colamos en los portales y en las tiendas antiguas para comprender el trabajo realizado en los materiales de época. ¡Y siempre sacamos fotos a mujeres mayores detrás de viejos mostradores! La inspiración no está en Instagram: de hecho, es lo que intentamos explicar a nuestros clientes...

¿Un lugar de imprescindible visita?

El barrio de moda, Marvila, lleno de galerías, estudios de jóvenes artistas y talleres de artesanos. Y, en otro estilo totalmente diferente, el Palácio dos Marqueses de Fronteira que descubrimos hace poco, un pabellón de caza del siglo XVII adornado con magníficos azulejos.

BAIRRO DO AVILLEZ

EMPÁPATE
DEL AMBIENTE DE
LA PRAÇA DAS FLORES

A cinco minutos a pie de la bulliciosa y turística Praça do Príncipe Real, la Praça das Flores es una de las plazas más agradables de Lisboa.

Si te quieres empapar del ambiente, tienes tres opciones: sentarte tranquilamente en uno de los bancos del centro de la plaza, rodeado de árboles; tomarte un delicioso zumo de naranja y un pastel de nata en el quiosco de la plaza (para los que viven en el barrio y no lo sepan, si abrís una cuenta en el quiosco, tenéis un importante descuento en todas las consumiciones…); o bien almorzar muy agradablemente en el café-restaurante Magnolia, en la esquina noroeste de la plaza, a ser posible en la pequeña terraza o en la encantadora mesa para dos situada en la gran ventana que da a la plaza.

 MAGNOLIA BISTROT & WINEBAR
PRAÇA DAS FLORES 43

+351 935 315 373
Instagram: magnolia_lisboa

 QUIOSQUE LISBOA
PRAÇA DAS FLORES

quiosquelisboa.pt/flores

CANTINA
MESTIZA

Abróchate el cinturón, salida inmediata hacia una de las antiguas colonias portuguesas: Mozambique. En su pequeño restaurante, la chef Jeny Sulemange deleita con una cocina que causa el mismo efecto que un abrazo. En la práctica, samosas de ternera (que no puedes parar de comer), gambas sin pelar a la plancha, aliñadas con limón y cilantro, pollo con salsa de cacahuete y arroz con coco, ligeramente perfumado; una delicia. No podrás evitar decir Kanimbambo (gracias) cuando pases por delante de la cocina.

CANTINHO DO AZIZ
R. DE SÃO LOURENÇO 5

+351 21 887 6472   cantinhodoaziz.com

UNA CENTOLLA
CON CUCHARA

Para degustar la centolla a la lisboeta, un consejo: olvídate de tu dignidad. Te presentan al bicho antes de cocinarlo. Cuando llega la centolla, empieza el espectáculo. Coger el martillo, romper la carcasa e ir sacando la carne, sumergirla en la deliciosa salsa preparada con una mezcla de mayonesa, mostaza, huevo, perejil, miga de pan y una pizca de pimienta, extender la mezcla en una rodaja de pan tostado ya generosamente untado de mantequilla. Una delicia con la que te arriesgas a acabar con un poco de centolla en el pelo o en la camiseta. Quedas avisado.

Si lo tuyo no es la paciencia, opta por una de las marisquerías (marisqueiras) en las que se puede reservar, Nune's Real Marisqueira o O Relento.

CERVEJARIA RAMIRO
AVENIDA ALMIRANTE
REIS 1 – H

+351 969 839 472
cervejariaramiro.com

NUNE'S REAL
MARISQUEIRA
R. BARTOLOMEU DIAS 112

+351 21 301 9899
nunesmarisqueira.pt

O RELENTO
AV. COMBATENTES DA
GRANDE GUERRA 10C
OEIRAS

+351 21 411 4063

VER UNA PELÍCULA
AL AIRE LIBRE

Ver una película en un cine al aire libre cuando el sol se está poniendo sobre el río Tajo es uno de los mayores placeres que ofrece Lisboa.

> CINE SOCIETY

Situado en la azotea del Cine Society, con la ciudad como telón de fondo, aquí te sientas en una tumbona, con un cóctel en la mano, listo para (re)descubrir un clásico bajo las estrellas.

> LA CINEMATECA

La Cinemateca tiene, sin duda, la mejor programación cinematográfica de Portugal y en verano proyectan películas de calidad en una encantadora terraza aislada del mundo. Un auténtico viaje en el tiempo, lejos de los turistas. Antes de la sesión de cine, puedes cenar afuera y visitar la librería de la Cinemateca, el paraíso de los cinéfilos.

Las películas al aire libre suelen empezar sobre las 21:30 h. Por lo general, las entradas se compran in situ y no se pueden obtener con antelación, a menos que cenes en la terraza, justo antes de la proyección nocturna. En ese caso, puedes reservar las entradas.

CINE SOCIETY
TOPO CHIADO
TERRAÇOS DO CARMO

Se recomienda reservar
cinesociety.pt

CINEMATECA
RUA BARATA SALGUEIRO 39

Programa: cinemateca.pt/Programacao.aspx

Se pueden reservar las entradas al solicitar mesa para cenar: llama al restaurante 39 Degraus (+351 960 396 370 o + 351 911 904 075)

PASAR LA NOCHE
EN EL DAMAS

En la familia de los modernos, pregunta por Damas, el hermano pequeño fiestero. Detrás de la luz de neón rosa de la entrada, Damas vive en dos salas, dos ambientes. En la primera, un bar-cantina que mira hacia Oriente Medio y ofrece ricos platos y cócteles excelentes. En la segunda, la sala que está al fondo y a la que llegas cruzando un pasillo totalmente oscuro, conciertos minimalistas, sonido underground y DJ sets animan a la fauna moderna estilo "los 90 han vuelto". El lugar indicado para decir que la noche es joven.

DAMAS
R. DA VOZ DO OPERÁRIO 60

+351 964 964 416

damas.lisboa@gmail.com
Instragram: @damas.lisboa

PASEAR POR
LA ESTUFA FRIA

Al norte del parque Eduardo VII, los invernaderos recuerdan a los cuadros de Douanier Rousseau. Sus altas plantas acarician el cielo, o casi - requisito de invernadero, el entramado de madera hace las veces de tejado... pero deja pasar la luz. Recomendamos ir cuando empieza a caer el sol, cuando está anocheciendo y el cielo está rosa. Cabe destacar: a la izquierda del camino central, una puertecita que da al invernadero árido y al tropical. Árboles de plátanos gigantes, cactus que desafían las reglas... ¿Dónde estamos? En el corazón de la ciudad.

© ROXANE DE ALMEIDA @LAROXSTYLE

 ESTUFA FRIA
PARQUE EDUARDO VII

+351 21 817 0996

TOMARSE UNA COPA
EN UNA VIEJA FÁBRICA

Situado en el corazón de una vieja fábrica en pleno barrio de Alcântara, el espacio Mīrārī es un lugar versátil que sigue siendo relativamente desconocido.

De jueves a lunes, este enorme patio al aire libre organiza conciertos, mercadillos efímeros, concursos de petanca, exposiciones y ofrece varias opciones de street food (pizza, hamburguesa, poke, helados artesanales...). En el muro del fondo del callejón sin salida donde está este local, una preciosa obra del artista franco-congoleño Kouja Ntadi Assis completa la decoración.

 MĪRĀRĪ
AVENIDA 24 DE JULHO 170

+351 960 260 890

mirari.pt
hey@mirari.pt

VAGO
© LUIS GALA

LISA
© @SHOTBYTEJA

BAR, MÚSICA
Y GASTRONOMÍA

Inaugurado a finales de 2021 por DJ trotamundos de origen colombiano, brasileño, turco y portugués, Vago es el lugar que faltaba en la vida nocturna de Lisboa: a primera hora de la noche, la gente viene a escuchar la excelente música (*house, tecno, samba, zouk, afrobeat...*), a tomar una copa (tienen buenos cócteles) y a comer deliciosos *petiscos* (las tapas portuguesas) elaborados por la chef Leonor Godinho. Ya entrada la noche, la gente viene a bailar, e incluso a más.

Unos portales más lejos, en la misma calle, está Lisa, gestionado por los mismos dueños. Tiene un escenario en el que cada noche suben DJ y músicos (jazz, música contemporánea, *rock, folk*, electrónica...).

 VAGO
RUA DAS GAIVOTAS 11

+351 916 500 060
Instagram: @vago.lisboa

 LISA
RUA DAS GAIVOTAS 5

salalisa.pt
Instagram: @a.sala.lisa

3 TABURETES,
1 BAR

En lo que se refiere a licores portugueses, hay todo un mundo más allá del oporto. Y en ese mundo, la *ginja*, *ginjinha* o licor de guindas ocupa el podio. La del bar Ginjinha Sem Rival (ginjinha sin rival), abierto en 1890, se fabricó durante mucho tiempo en la trastienda. Y desde el siglo XIX, la pregunta que le hacen a los clientes de la barra sigue siendo la misma: *"Com o sem selas?"* "¿Con o sin guindas?" Te aconsejamos con – ¡incluso (sobre todo) si es traicionero! Te servirán un vasito lleno a rebosar, lo impone la tradición. En cuanto a si es la mejor ginjinha, basta con que cruces la calle para probar la del vecino...

GINJINHA SEM RIVAL
R. PORTAS DE SANTO ANTÃO 7

+351 21 817 0996

DORMIR CON LISBOA
A TUS PIES

¿Poner tu cita con Lisboa en pausa durante la noche? No, gracias. Elige más bien dormir con Lisboa a los pies de tu cama y abrir los ojos con las mismas vistas, versión diurna. Estas son nuestras habitaciones favoritas:

MEMMO ALFAMA

El hotel se esconde en Alfama, al final de un callejón sin salida con adoquines irregulares. En la azotea, te sumerges en la piscina roja para dar algunas brazadas con vistas. Y en las habitaciones 31 y 33, Alfama está justo ahí, a los pies de la cama, laberinto de tejados que descienden hasta el Mar de la Paja.

© MEMMO ALFAMA

 MEMMO ALFAMA
TV. MERCEEIRAS 27

150 – 360 €/ noche   +351 21 049 5660   memmohotels.com/alfama

TOREL PALACE

Un precioso hotel en lo alto de la colina Sant'Ana, a pocos pasos del Jardím do Torel. Además de la terraza, de la piscina y de la inmensa paz que te esperan sea cual sea tu habitación, sí que te aconsejamos que reserves la habitación 6, 8 o 28. Ventanas grandes, balcón pequeño y unas vistas impresionantes del corazón de la ciudad.

© TOREL PALACE

TOREL PALACE
R. CÂMARA PESTANA 23

110 – 350 €/noche   +351 21 829 0810   torelpalacelisbon.com

MEMMO ALFAMA

CAFÉ PEQUEÑO,
ESQUINA GRANDE

Explorar, caminar, subir, correr: muy bien, pero ¿y dónde descansa uno de todo este trajín? Pues aquí, entre los muros de este café, debajo de un teatro. Haces una paradita aquí, en un sofá frente a las cristaleras, en lo que te baja el ritmo cardiaco, te abstraes un rato y te bebes un latte con Lisboa en versión panorámica frente a ti.

 **CAFÉ DA GARAGEM**
TEATRO TABORDA
COSTA DO CASTELO 75

+351 21 885 4190

Instagram: @cafe.dagaragem
teatrodagaragem.com/en/cafe-da-garagem

CAFÉ DA GARAGEM

PASTEL DE NATA VS PALMIER:
UN ENCUENTRO AZUCARADO

PASTEL DE NATA

Si Lisboa tuviese un sabor sería el del pastel de nata. Sí, pero resulta que lo inventaron las religiosas del convento de Belém en el siglo XIX (época en que Belém quedaba lejos de Lisboa). La "pastelaria de Belém" mantiene la tradición desde 1837 y vende estos pasteles, conocidos como pastéis de Belém, a hordas de turistas que vienen a probar el original, por el que todo empezó. Esperar mucho no es ninguna fatalidad, en la pastelería-salón de té Aloma, que ha ganado varias veces el premio al mejor pastel de nata, se elaboran al minuto, se sirven templados, espolvoreados con canela y se comen en la barra en menos tiempo de lo que se tarda en escribir su nombre. Los más pacientes pueden degustarlos a la hora de la merienda en el fantástico Jardim da Estrela, muy cerca.

 PASTELARIA ALOMA
R. FRANCISCO METRASS 67

 PASTELARIA O CARECA
R. DUARTE PACHECO PEREIRA 11D

Instagram: @pastelaria_aloma
aloma.pt

+351 21 301 0987
pastelariaocareca.pt

PALMIER

Encima de Belém, en el barrio de Restelo, la Pastelaria O Careca es como una institución local. Los asiduos se apresuran donde "el calvo", el apodo que le pusieron al que abrió el local en 1954. ¿El precio del éxito? Ahora tienes que coger un *ticket* en la entrada y esperar tu turno unos minutos, el tiempo necesario para ver bien lo que tiene el impresionante escaparate antes de elegir la especialidad de la casa: el palmier (la palmera). Pero no cualquiera. La mejor palmera de la ciudad, el justo equilibrio de una pasta perfectamente hojaldrada, tostada, ligeramente caramelizada, crujiente y dulce.

29

HABLAR CON DESCONOCIDOS
EN EL PROCÓPIO

Desde 1972, la puertecita roja de este bar nocturno ha visto entrar a muchos iniciados que han venido aquí a perder la noción de la época. De hecho, en la salita donde los camareros revolotean pajarita al cuello, los estilos y los siglos se mezclan entre sí: las lámparas de pasamanería rozan las butacas, las baratijas se codean con ilustraciones de los años 30... Para no perderte nada del espectáculo, siéntate en la mesa que está al fondo sobre una pequeña tarima, o en el bar, mientras te tomas una caipiriña o una *Amendoa Amarga*. Importante: como todavía estamos un poco en 1972, se puede fumar.

PROCÓPIO
ALTO DE SÃO FRANCISCO 21

+351 21 385 2851   barprocopio.com/pt

COMO ESTAR EN CASA
(DE UNOS PORTUGUESES)

Bienvenido a casa de Zé, que deleita a su gente desde hace veinte años. En esta sala repleta de fotos de familia (entiéndase, los clientes frecuentes), a la persona que viene sola se le suele decir: "Para ti, media ración. Es mucho, pero no podemos cocinar menos cantidad".

Sobre el mantel de cuadros aterriza un bacalao al horno, escoltado por guisantes, patatas, chips de cebolla, todo generosamente rociado de aceite de oliva. Suficiente para alimentar... a toda una familia, precisamente. Pero lo mejor es ver a los grupos de portugueses, de todas las generaciones y orígenes pasarse los platos en las grandes mesas, en una maravillosa algarabía familiar.

Para verlo, hay que llegar a las doce en punto. E incluso llegando a esa hora, tal vez tengas que esperar en la calle, bebiendo un vaso de vino blanco frío...

 ZÉ DA MOURARIA
R. JOÃO DO OUTEIRO 24

+351 21 886 5436

MUITO OBRIGADO / MUCHAS GRACIAS

Jérôme C, João-Maria MS, Sofia M, Peter O, Chloé S, Miguel C, Miguel J, Alexander W, Nelson P, Rita A, Luca P, Ruben O y Anne-Laure B

Este libro es obra de:
Fany Péchiodat y Lauriane Gepner, autoras
Nathalie Chebou, jefa de proyecto
Coline Girard, ilustradora
Paula Franco @lisbonbylight, fotógrafa
Stéphanie Benoit y Emmanuelle Willard Toulemonde, diseño
Jason Briscoe - Unsplash, foto de portada
Clémence Mathé y Roberto Sassi, edición
Patricia Peyrelongue, traducción
Milka Kiatipoff, corrección de estilo
Anahí Fernández y Carmen Moya, revisión de textos

Puedes escribirnos a contact@soul-of-cities.com
Síguenos en Instagram @soul_of_guides

En la misma colección

Ámsterdam

Barcelona

Kioto

Soul of Atenas

Soul of Berlín

Soul of Los Ángeles

Soul of Marrakech

Soul of Nueva York

Soul of Roma

Soul of Tokyo

Soul of Venecia

© JONGLEZ 2024

Depósito legal: Marzo 2024 – Edición: 02

ISBN: 978-2-36195-792-6

Impreso en Slovaquia por Polygraf